목마의 꿈

김완용 제9시집

목
마
의
꿈

문경出판사

| 序詩 |

목마의 꿈

나는 현실이란 굴레를 쓰고
삶이라는 축을 중심으로
빙빙 돌아야 하는
한 마리 목마로 살아왔다

때로는
현실 탈피의 꿈을 꾸며
평원을 달리고
푸르른 하늘 속을 날고도 싶었다

직장과 가정을 오가며
쳇바퀴 삶의 끈을 이어온
목마는
꿈의 조각들을 접으면서도
서럽게 울지조차 못했다

내일이란 희망을 찾아
달려야 하는 운명의 목마
잊힌 세월만큼
속으로 응어리진 꿈의 날개
오늘만이라도 풀어놓고
바람 부는 들녘을 달리고 싶다.

시인의 말

 시는 말하는 그림이라고 했다. 나는 말하는 그림을 그리기 위해 60년을 살아왔다. 그 안에는 유신헌법 이후 25년간의 절필했던 시절이 있었다. 참으로 아쉬운 세월의 시간이었다. 그러나 그 기간 국민의 생명과 재산을 지키기 위한 노력을 다하며 국가에 충성을 했다.
 군대라는 합법적으로 조직된 무력단체에서 36년 2개월의 복무를 마치고 정년퇴직하면서 다시 시를 쓰기 시작한 나는 생의 마지막 날까지 10권의 시집을 낼 수 있을까? 의구심을 가졌지만, 벌써 9권의 개인시집을 낸다. 시선집과 수필집, 뜻 깊은 동료들과 낸 5권의 동인시집을 합하면 총 16권의 창작집을 출간하였다. 가슴에 뭉친 한을 풀어 참으로 빠르게 책으로 엮었다.
 시인은 보통사람들보다 세상을 보는 눈 하나 더 가지고 있어야 한다고 문학을 시작할 때 배웠다. 일반인들보다 덤으로 하나 더 있는 시인의 눈은 문학적 감성의 눈이다. 그것은 일반인들이 보지 못하는 문학의 진료를 찾아내는 눈이다. 시인이 찾아낸 문학의 진료를 통하여 세상과 통섭하고, 독자들과의 공감대를 이룰 수 있음을 나는 알았다.
 그러나 여러 권의 창작집을 내고, 신문이나 문학지에 글을 게시하면서도 시인으로써 갖춰야할 또 다른 눈 하나로 문학의 진료를 찾아 그 진료에 감성을 충분히 불어넣었는가 하고 뒤돌아보기도 한다.

  이번에 상재하는 『목마의 꿈』은 제8시집 『서울 아리랑』 이후 3년 만에 내놓는다. 지난날 발간한 시집들은 절필의 기간이 어눌하여 토해놓은 작품들이라면 제9시집 『목마의 꿈』은 다시 일어서는 인간의 의지를 자연과 일상에서 파생되는 사연들로 묶었다.

  우리들의 삶은 회전목마와 같다. 의인화(擬人化)된 회전목마는 매일 제자리를 돌며 산다. 회전목마의 꿈이 있다면 자유를 찾아 평원을 달려보는 것이다.

  나는 제자리에 얽매인 굴레를 벗어던지고 세상 밖으로 달려 나와 가슴에 맺힌 말들을 독자들에게 들려주고 싶었다.

2025. 5.
봄빛여울 지는 날 계룡산 언저리에서
김 완 용

차례

- **序詩** 목마의 꿈 · 9
- **시인의 말** · 10

제1부 생각의 가지에 뿔처럼 돋친 시

19 · 시인의 봄
20 · 소금꽃밭
21 · 동학사 왕벚나무
22 · 적벽강 바람꽃
23 · 종다리 울음
24 · 새 생명의 시작
25 · 얼굴 없는 그림자
26 · 5월의 신부
27 · 유빙流氷
28 · 가을바람 앞에서
29 · 까치밥
31 · 하얀 동백꽃
32 · 밤바다
33 · 눈송이
35 · 겨울 텃새
36 · 목도리
37 · 빨간 등대

제2부 허공을 떠도는 시

41 · 서리꽃

42 · 시화詩畫

43 · 홍매화 - 구례 화엄사 홍매화

44 · 채석강 노을

45 · 여름 나무

46 · 사랑니를 뽑으며

48 · 꽃무릇 - 직지사 꽃무릇 축제에서

49 · 봄빛 여울

50 · 문학관 - 정지용 문학관에서

51 · 마량리 동백정

52 · 이슬

53 · 개나리꽃

54 · 늙은 나무

55 · 겨울밤 지우다

56 · 전봉준의 들녘

58 · 소호동동다리

59 · 12월의 아픔

제3부 겨울 속의 꽃

63 · 영산홍
64 · 수의壽衣
66 · 춘삼월 밤
67 · 사월의 바람 - 4·19를 생각하며
69 · 어둠을 밀며
70 · 서울역 이방인
71 · 봄을 맞으며
72 · 물의 애수哀愁
73 · 마량포구
74 · 전우여
75 · 꽃바람
76 · 거미줄
77 · 늦가을 산
78 · 경계선 - 1963년의 수모
80 · 가냘픈 계절
81 · 인연因緣
82 · 화엄경華嚴經 세상 - 구례 화엄사에서

제4부 목마의 길

85 · 봉천동 소묘素描
86 · 계절의 시작
87 · 꽃샘추위
88 · 山寺에서
89 · 바닷가에 서면
90 · 왕벚나무
91 · 어린이날
92 · 장마
93 · 선모초仙母草
95 · 쉼표
96 · 다녀가는 봄
97 · 가을 비둘기
98 · 마을버스 정류장
99 · 겨울 바다
100 · 출근길
101 · 절규
102 · 회오리바람

제5부 흐느끼는 목마

105 · 바람

106 · 나팔꽃

107 · 그 소녀

109 · 정류장

110 · 튤립 피는 강변

111 · 저당 잡힌 햇살

113 · 외로운 바다

114 · 억새

115 · 슬픈 계절 - 호국의 달에

116 · 섬마을 노인

117 · 山寺의 봄날

118 · 비에 젖은 비둘기

119 · 만추晩秋

120 · 가을 동학사東鶴寺

121 · 동지 무렵

122 · 겨울 바닷가

123 · 흐느끼는 목마

| 작품론 |

깊숙한 뜨거움과 싱그러운 시정신
−김완용 제9시집 『목마의 꿈』에_ **장철주** · 125

제1부

생각의 가지에 뿔처럼 돋친 시

시인의 봄

늙은 새가
세 들어 사는 감나무 가지
하루의 소임을 다한 햇살이 눕고
하늘을 끌어내린 어둑한
그늘이 묻은 담벼락 밑에
동안거를 마치고 일어서는
마음의 부스러기 몇 뭉쳐
푸른 잎을 돋우면
아직 울지 못한 시詩들이 글썽이며
내 안을 뛰쳐나와
바람 껴안고 방황하는 꿈들
꾹꾹
생각의 가지에 뿔처럼 북돋아놓고
질긴 생명을 키운다.

소금꽃밭

여름 땡볕 내리면
어머님 등에 피는 하얀 소금꽃
해질 녘
무거운 어깨 위로 별이 내려앉을 때
등판 가득 솟아 핀 사랑의 꽃
남모르게 끌어안고
둥지 찾아 돌아오시던
내 어릴 적 어머니
가끔은 쉰내도 났지만
종일,
청춘과부 뭉친 설움
눈물보다 더 짠 소금꽃밭
무논에 엎디어 일궈내신
내 어머니 등.

동학사 왕벚나무

계룡산 동학사 가는 길
왕벚나무 가지에
연둣빛 꽃눈이 맺혔다

설한풍 견디며 기다려온 꽃가지
십억 만리 불토佛土 보이는지
발그레 볼을 붉힌다

동안거를 마친 선방禪房 툇마루
동남풍 흔들흔들 스쳐 가면
참선하던 꽃망울 몇
깜짝 놀라 꽃잎 터트리는
동학사 도량에도 봄이런가

법구法句를 읊으며
가람伽藍으로 흩어지는 풍경風聲 소리에
세파의 고뇌 털어내려는
신심信心을 굳힌 비구니 합장하듯
왕벚나무 가지에 꽃잎이 핀다.

적벽강 바람꽃

파도 왔다 가는 바닷가
층암절벽 돌 틈새
하얀 얼굴 내밀어 돋아나는
한 송이 꽃

시린 바람 안고
응달진 비알에 붙어 앉아
한겨울을 보내도 오지 않는
사내 기다리며
분 냄새 바닷물에 적셔 날리는
적벽강 바람꽃

가슴 깊이 묻어 둔
기약 없는 사랑 한 자락
스쳐가는 바람결에
살포시 꺼내어 놓고
가는 봄 아쉬워 눈물짓는
바람난 바람꽃.

종다리 울음

꽃보다 예쁜 연둣빛 잎새
떠도는 바람의 안부 도착하면
여리디 여린 저것들, 일제히
햇살 흔들어 답례하고
시간을 쌓아 하루를 잇는
일손 바쁜 농부들
허리 휘는 들녘 모서리
자운영 붉은 꽃밭 가로질러
봄빛 한줄기 물고 떠나는
꿀벌들 날갯짓도 바쁜
화창한 봄날
보일 듯 보일 듯 보이지 않는
하늘 속 바람난 종다리
그리움의 울음소리 서럽다.

새 생명의 시작

5월엔
찔레꽃 향기 바람에 날리고
경계를 허물지 못하는 담벼락마다
팽팽한 삶의 끈을 잡고
기어오르는 덩굴장미를 만난다

무도회 서막처럼
연둣빛 잎새들 햇살을 뒤엎고
새소리 요란한 지평선 너머로
바람 회오리쳐 오르면
있는 듯 없는 듯 봄날이 간다

불타오르던 봄꽃들의 화사함도
서서히 시들어가는
5월의 오후
가던 길 멈춰선 실바람에
나뭇잎도 일어서서 춤을 추는
지금은 새 생명의 시작 봄이다.

얼굴 없는 그림자

빛의 반대편에서
있으면서 없는 듯
길 함께 가는 반려자
깊은 생각의 계단을 오를 때에도
너는 그 자리 있다

모두 떠나는 가을날
슬픔이 도져 바람 사나울 때
소란스럽게 낙엽마저 흩어졌지만
너는,
나의 발아래 엎드려
울지도 떠나지도 못했다

이별 모르고 인연의 끈을 놓지 않는
얼굴 없는 그림자
너는,
충성맹세를 한 나의 군사
죽음의 저편에서도 다시 만날 수 있을까?

5월의 신부

따가운 햇살
연둣빛 잎새 뒤척이는
5월이면
얼굴 붉게 물들인 수줍은 신부
덩굴장미
담벼락 기어 넘으며
마스카라 짙은 눈 깜박이고
어디선가 휘파람 불며 달려온
바람난 바람 살며시
검붉은 꽃잎에 앉아
사랑을 고백할 때
5월의 신부는
꽃향기 소용돌이로
무너지는 봄빛 한줌 모아
붉게 커튼 내려 덮고서
불타는 사랑을 기다린다.

유빙流氷

투명한 플라스틱 커피 잔 속
빙빙
떠 있는 생각들이 녹는다

얼어붙은 사랑 한쪽
다시는 돌아설 것 같지 않던
그녀의 마음 놓칠세라
꽉 잡은 손아귀 안으로
스며드는 냉기
이제 떠나야할 유빙도 없다

뜨거운 피로 녹이는
사랑의 온도
가슴 깊이 스몄기에
뭉친 그리움의 흔적마저
유리잔 속에 녹아든다.

가을바람 앞에서

바람이 스쳐 가는 능선
하얀 그리움으로
지레 눕는 억새꽃 무리
갈기 흩날리는 계절이면
가슴속 잔잔히 살아나는
옛사랑도
치마꼬리 휘어잡고
종종걸음 돌아오는데
병든 낙엽처럼
세상 등지고 살았던
나는
바람 같은 사연들
녹아내리는 노을빛 위에 서서
갈 곳 잃고 서성인다.

까치밥

첫눈이 내릴 것 같은
늦가을
감나무 앙상한 실가지에
까치밥 두 개 매달렸다

땀에 절어 쉰내 나도
일손 놓고 논두렁에 앉아
적삼 끝단으로 햇볕 가려주며
내어주시던 젖무덤

나이 훌쩍 들어서까지
어머니 품에 안겨
새근새근 빨아대던
그 곶감 두 꼭지

저승길 가시던 날
마른 곶감 두 꼭지 뉘 볼까
부끄러워 수의에 감싸시고
훌훌 떠나셨는데

첫눈 내릴 것 같은

늦가을
으스스 바람 왔다 가는
감나무 실가지에
어머니 젖꼭지 돌아와 매달렸다.

하얀 동백꽃

설한풍 몰아치면
사랑도 식을까 봐
내 삶의 둥지 안으로 들어온
애기동백 한 그루
생의 가지마다 위태롭게 맺히는
첫사랑 여인
어머니 닮은 하얀 꽃송이
겨울 햇살 안고 창가에 앉아
지나가는 바람 없어도
이승의 꽃잎 가만히 내려놓는
애기동백꽃.

        *나의 첫사랑은 세상에 태어나 처음 안아주었던
         어머니라고 생각한다.

밤바다

별꽃 무늬 이불 덮고
태양도 잠이 드는 곳

이별의 씨앗처럼
집어등 외롭게 가물거리며
어둠의 깊이를 재는
고깃배 떠 있는 곳

바람이 떠났어도
이별의 아픔 되살아난 듯
갈 곳 잃은 파도
어둠속에서 슬피 우는 곳.

눈송이

나는, 하얀 나비로
바람도 잠이든 빈 하늘
외로움의 날개 펴고 떠돌다
추운 겨울밤이 오면
너에게로 가고 싶다

끓어오르듯 뜨거운
네 가슴에 안겨
밤새워 달콤히 스며들면
어느덧 태양은 어둠을 지우고
수줍게 솟아오르겠지!

하면,
나는 눈부시게 하얀 드레스
들녘 가득 펼쳐 입고
너의 신부가 되어
웅크렸던 새들과 함께
힘찬 하루를 열어가리

카랑한 바람도 잠이든
겨울밤, 나는

풋풋한 사랑 하나 피워들고
뜨거운 너에게 스며들기 위해
하얀 눈꽃이 되고 싶다.

겨울 텃새

나뭇잎 사라진 빈 가지
별들이 내려와 맺히는
밤이면
카랑한 바람 한 줄기
가던 길 멈추어 서서
서럽게 우는데
서로의 체온을 끌어안고
잠이 드는 텃새들
꿈속의 봄은 멀고도 멀다.

목도리

시장 모퉁이 좌판 앞에 앉은
어머니
하얀 목줄기 늘어나는 나이테
감싸주던 목도리

비단보다 더 고운 마음 감추려고
무명실타래 검정 물들여
듬성듬성 엮어 만든
검정 목도리

청춘과부 쌓인 설움 흘러내리는
눈물 받아 주고
새벽길 찬바람 막아 주던
그 목도리
무덤가는 날까지 함께 있었다.

빨간 등대

도심 속 섬 오이도烏耳島*
밤이면 눈을 뜨고
낮이면 눈을 감아야 할
등대
있으면서 없는 듯
조형물로 서 있어
뱃길 어디인지 알 수 없고
간혹,
술 취한 관광객도 길을 잃어
바다 건너 고층 아파트 불빛 따라가는
활어횟집 앞 방파제
눈을 뜨고 감는 일마저 해촉解囑되어
아예 눈알까지 뽑아버린
허울뿐인 등대 하나
종일 바닷가 배회하던 늙은 잿빛 갈매기만
날개 접고 앉아 서글픈 노을빛에 젖다
둥지 찾아 떠나는
오이도 빨간 등대

* 경기도 시흥시 정왕동에 위치한 육지가 된 섬

제2부

허공을 떠도는 시

서리꽃

상강 지나 추워지면
찾아와
겨우내 피고 지는
하얀 서리꽃

붉은 등 매달고도 떨고 있는
뜰 안 산수유나무
작은 가지 끝에
서리서리 맺혀 피는 꽃

설한풍 안고 허공을 떠도는
내 그리움도
네게 닿으면
저리도 눈부신 꽃이 될까.

시화 詩畫

햇살 따가운 봄날
줄지은 왕벚나무 아래
굽이도는 문화 산책길
시인의 깊은 마음 담아
그려놓은 향기 한편 있다

오가는 사람 눈길 멀어도
바람 벗 삼아 종일 서 있는
시인의 뜨거운 가슴 한쪽
생명을 불어넣은 시어들
활활 달아오르는 봄날이다.

홍매화
– 구례 화엄사 홍매화

설한풍 다녀간 화엄사 도량
임금에게도 깨우침을 주었다는
각황전覺皇殿 옆에 서서
300년 묵은 가지 끝에
결백과 정조貞操 매달아
얼굴 붉히는 여인
고결한 자태로 누굴 기다리는가

햇살도 출렁이며 흘러가는
섬진강 물결 위에
고운 꽃잎 띄워놓고
강인한 의지로 속가슴 태우는
홍매화, 애달픈 여인이여
올 듯 말듯 주춤대는
남쪽 바다 봄을 부르는가.

채석강 노을

파도에 쓸려나간 시간을 모아
비틀거리며 갯벌에 눕는
하루의 마지막 햇살
뜨거운 열기를 식히면
칠게들도 제집을 찾아드는데
집어등 총총히 매단 고깃배
뱃고동 서럽게 울며불며
섬들을 돌고 돌아 먼 바다 떠나는
채석강 앞바다
이별의 아픔이 고깃배뿐이랴
소금기 먹은 바위벽에
가부좌 틀고 앉아
흩어지는 바람에 흔들리는
바람난 바람꽃도
서해 슬픈 노을빛에 젖는다.

여름 나무

햇살이 소금을 뿌린 듯
그늘을 절이는
여름의 늪
고목이 열기를 끌어안고
오후의 한나절 지우면
종일 바람을 발라낸 나뭇가지는
목마름의 물길 다시 길어 올려
지우지 못한 마지막 기억들을 닦는데
열기의 뼈들을 숨기고
허물어지는 햇살 따라
숨을 죽이는 여름 나무
늘어진 잎새들 끝으로
가슴 펄펄 끓던 하루가 저문다.

사랑니를 뽑으며

척후병처럼
먼저 저세상으로 보내며
홀가분함을 느낀다

젖먹이 이후
고기를 씹고, 견과류를 깨고
한평생 같이 살아온 삶의 도구

세상사람 누구나
쓸모없다는 너의 역할론
그래도 내게는 소중한 분신이었다

어느 날부터 욱신거리는 잇몸 안
너의 존재는 골칫거리가 되었고
우리 칠십 평생의 우정도 금이 갔다

수술용 조명 아래
개발 닮은 집게에 끌려 나오는
너의 마지막 운명

전신보다 한발 먼저

분신인 너를 저세상으로 보내며
홀가분함을 느낀다.

꽃무릇
- 직지사 꽃무릇 축제에서

명승고찰 직지사 뒷마당
가을이면
노스님 가슴을 헤집고 일어서는
꽃무릇 무리

기구한 인연의 표상이듯
잎과 꽃이
서로의 안부를 남겨두고
오늘은 꽃잎만 붉게 물들였다

이승과 저승의 갈림길에
그리워도 만나지 못하는
사랑의 상사화
몇 해를 피워야 잎은 꽃을 만날까

이루지 못할 사랑
하늘도 서러워 우는지
주적주적 가을비
산사의 도량을 적신다.

봄빛 여울

아직은 서툰 몸짓으로
겨울의 꼬리를 잡고 멈칫거리는
남녘 바람
는개 한줄기 몰고 와
흩뿌리고 간 나뭇가지마다
꽃눈이 튼다

어제는 산수유, 오늘은 개나리
앞 다투어 꽃잎 터트리고
몸 부풀리는 목련꽃봉오리
탐스럽게 맺힌 담장 밑
생명질긴 잡초 무리
파릇파릇 돋아난다

종일, 햇살 한줄기 조을다 가는
산비알 묶은 억새꽃 위로
노을빛 붉게 물들이면
소쩍새 피울음 울고 울어
여울지는 그리움
가슴 깊이 파고든다.

문학관
― 정지용 문학관에서

몇 번을 다녀왔어도 흔적만 보았다

'향수'가 명시라 하는데
그 이유를 요즈음 젊은이는
갸우뚱갸우뚱
세상을 뜬 선배님의 업적으로
세워진 중후한 문학관
실내를 감싸고 흐르는
흔적들 모두
일제 강점기의 슬픔과 허기
비좁은 국토 위에 세워지는
고향과 그리움 한결같다.

마량리 동백정*

오백 년 늙은 동백나무
붉게 멍든 꽃송이 툭툭
몸을 던져 떨어지는
마량리 동백정 앞바다
은빛 물비늘 뒤척이며
봄바람 밀려오는 저녁나절
숨 가쁜 통통배의 귀갓길
물길을 잡고 따라나서는
잿빛 갈매기 젖은 날개
수평선 위에 외롭게 펄럭이는데
떨어져 하혈하는 꽃송이 안고
파도 위에 눕는
얼굴 붉힌 수줍은 해가
어둠의 커튼을 친다.

*충남 서천군 서면에 위치한 정자

이슬

매미울음 잦아드는 숲속
가을빛 스며들면
떠나는 계절이 서러워
풀벌레가 슬피 우는
가을밤은 시작되고
창문 닫게 하는 찬바람
하늘의 별들을 물고 내려와
마른 풀잎 위에 눈물로 맺힌다.

개나리꽃

찬바람 옷깃 흔드는
늦가을 개울가
메마른 덤불 속
잎 떨어진 가지 끝에
노란 개나리꽃 피어
미친 듯 웃고 있다

봄에만 만나는 꽃이라 알았는데
겨울 멀지 않은 늦가을
양지 녘 개울가에 앉아
그대는
계절도 잊었는가

고정관념 깨뜨리고
지나치는 바람결 앞에
노란 꽃분 바르며
미친 듯 웃고 있는
철없는 개나리꽃.

늙은 나무

푸른 귀의 달팽이관을 열어
바람 소리, 새소리
가지마다 붙어 있던 소리들
내면의 나선에 간직하는
늙은 나무
바람이 가져다 준
은색의 비닐 머플러 소식까지
나뭇가지에 걸어 감고
햇살 저무는 고갯마루에 앉아
은밀한 파동의 소리를 듣는다

몸은 늙었으나
푸른 귀들을 빼곡히 달고 앉아
바람에 떠밀려오는 세상 소식들
그늘 보자기에 쌓아 매일 간직하는
늙은 나무
햇빛의 흔적 같은
아픈 상처의 옹이를 감추며
암울한 역사 이어온
뿌리 깊은 핏줄에는 지금
비밀스러운 사연들 넘치고 있다.

겨울밤 지우다

별들이
하늘에서 내려와
시린 밤을 녹이던
십이월 크리스마스트리
뿌리 없는 나뭇가지 위에
빛 잃은 알전구의 싸늘한 죽음이
날선 파편으로 박히고
노동의 피로가
몸속 깊이 파고들어 욱신거리는
요동치던 하루를 접고
어둠이 스미는 골방에 누워
멀리, 빈 가지 흔들며
지나가는 바람 소리 서럽도록 듣는다.

전봉준의 들녘

1894년 봄
외세의 내정간섭과
빈곤을 이기지 못한 백성
녹두장군 깃발 꽂고
개혁을 외치며 한양으로 떠났다

가는 길
서면 백산, 앉으면 죽산 땅
분노의 열기는 만석보를 넘고
매서운 찬바람 휘몰아쳤다

죽창과 총칼의 대결
평야는 핏물로 물들고
청포 장수 울고 갈
녹두꽃은 떨어졌다

긴긴 세월 지난 오늘
빈 들녘
어둠을 걷어내며 달리는 철마
건너가는 논두렁 사이
민족 봉기蜂起의 씨앗은 살았는지

그날의 함성 살아 되돌아온다

민중民衆의 자유를 위한 염원
싹을 틔우며
일어서는 녹두장군의 영혼
외세에 비굴한 정부를 규탄하며
북진 또 북진을 외친다.

소호동동다리*

일몰의 현장에서
오늘을 묻고 돌아서면
파도도 잠이 들고
길 잃은 갈매기만 배회하는
외로운 항구
해안을 끼고 도는 산동네
불빛들이 밤을 지키는
여수의 밤
목재 데크 다리 얼룩지는
네온 불빛 아래
젊음은 불타오르고
집어등 가물대는 고깃배
어둠 속 웅크린 섬들 사이
졸고 있는 소호동동다리 앞바다

*소호동동다리는 여수시 소호동에 위치한 아름다운 해상 산책로이다. 해안을 따라 742m의 목재 데크 다리가 이어져 있어 걷는 동안 시원한 바닷바람과 여수항의 화려한 야경을 감상할 수 있는 명소다.

12월의 아픔

어두운 과거의 숫자를 지우며
홀로 남은 마지막 카렌다
한 장
한해가 흔들리는 창가에 서면
가슴 시린 나도 흔들린다

모두가 얼어붙은 세상
조금은 뜨거워야 할 가슴 한쪽마저
저미어 두고 돌아서는
세모의 온정들이 종종걸음으로
빌딩숲을 지나쳐 간다

이제 세상 모퉁이 남은 건
차갑고 매서운 바람뿐인데
아직 배고픈 텃새는 맨발인 채
12월 영하의 뜨락에 서서
가슴에 불을 지피지 못한다.

제 3부

겨울 속의 꽃

영산홍

봄이 오는 베란다
당신이 놓고 가신
영산홍 화분 하나
첫사랑 꽃이 피었습니다

겨우내
가슴속 깊이 머물렀던
당신의 사랑
곱게도 피었습니다

당신이 오신 듯
내 안의 그리움도
저리 붉게 피었는데
당신 모습 보이지 않습니다

창밖에는
질척이며 눈발 내리고
내 가슴은
아직 봄이 먼 겨울입니다.

*영산홍 꽃말 : 첫사랑

수의 壽衣

어머니!
저승 가는 길
그 길이 무엇이길래
그리도 바쁘게 가셨습니까

청상과부 된 이후
윤달에 만들면 병치레 없이 오래 산다는
떠도는 속설 때문에
손꼽아 윤달 되면 손수 길쌈하여
만들던 옷

곱디고운 하얀 무릎 세워놓고
구시렁구시렁 한 맺힌 설움 엮어
삼실 비벼 만드시던 그 모습
지금도 또렷한데요

저승 가는 길엔 노잣돈도 필요 없다며
주머니마저 없애버린
단 한 벌의 수의
한 땀 한 땀 만들면서
무엇을 생각하셨습니까

어머니!
그 옷 입고 가벼워
훨훨 나비처럼 날아가셨는데
지금은 어디쯤 가고 계십니까

춘삼월 밤

창밖에
달빛이 머무는 춘삼월 밤이면
그리움
사랑의 편린片鱗 되어
가슴 깊이 쌓이고
당신의 흔적 같은
두견이 울음 밤새워
내 안에 외롭게 머무는데
방황의 끝을 모른 채
겨울 빗겨 달려온
봄바람
왕벚나무 가지 끝을 잡고 빙빙 돈다.

사월의 바람
– 4·19를 생각하며

멀고 먼 그날
사월 바람은
꽃잎을 물고 떠났습니다

사월 바람은
먼 하늘나라 푸르른 봄빛 불러
산야를 물들이고
민주의 뿌리를 찾아 떠났습니다

당신의 바람 흔들리는 불길로
오늘 이 땅에는
활활 봄꽃이 피고 지는데
종다리 하늘 높이 날아올라
사랑노래 지저귀는데
그대 모습만 보이지 않습니다

사월 바람
꽃잎을 물고 떠난 지 수십 년 지났건만
이 땅에는
봄을 자축하는 웃음소리 아직 들리지 않습니다

민주의 꽃물 흐드러져
산 계곡을 적시고, 삼천리강산 적시고
당신의 자유가 더 큰 바람으로
이 땅에 휘몰아쳐
못 다한 민주주의 되어 돌아올 오늘입니다.

어둠을 밀며

득도得道 이루지 못한 노스님
우주를 깨우는 목탁 소리
산자락을 울리면
어둠이 두고 간 자리
시끌벅적 속세의 영혼들 살아나고
베갯머리 맴을 돌던
지난날의 인연
주판알 털어내듯 지워야 할
산사의 아침인데
바람이 잠들었던 나뭇가지에
세월의 낱장 같은 하루
옹이로 맺혀
다시,
그리움 되어 흔들린다.

서울역 이방인

주황빛 노을 속 봄꽃은 지는데
고향을 등진 사람들
갈 곳이 없다

그들은
수은등 불을 켜는 역 광장에서
욕망의 실밥 풀어놓고
꿈을 찾아 모여든 불나비
목적지 없는 표를 들고 서성인다

벙어리장갑처럼 뭉쳐 살던 가족들
가난을 덮어버린 먼지와 곰팡이까지
고향에 묻어두고
점자를 더듬거리듯
바람난 바람을 앞세워
내일이란 행복 찾아 멀리도 와버렸다

어둠 몰려오는 서울역광장에도
봄꽃은 소리 없이 지고 있는데
고향을 등진 사람들
지금 갈 곳이 없다.

봄을 맞으며

겨울 커튼을 밀면
길 잃은 햇살 한 줌
이름 모르는 새소리 한 소절
창가에 앉았다 가는 시절
멀리 회오리쳐 오르는
바람의 등 뒤로
산은 매일 푸른 꿈을 피워 올리고
수십 길 지하 물 길어 올리는
실개천 버들강아지도
푸른빛으로 물드는데
고추보다 매운 시집살이 같은
겨울의 끝을 잡고서
친정집 다녀가는 새색시처럼
쭈뼛거리며 돌아오는 봄
하루 빛이 길다.

물의 애수哀愁

작은 목소리 다투어
재잘재잘 계곡을 떠나는
물은
세상사 미련 없어 도돌이표를 찍지 않는다

가는 길의 끝은 알 수 없어도
태엽이 풀리듯 시간을 풀어 놓고
돌 틈새 돌고 돌아 쉼표도 없이 가는
물의 행렬

망망대해 깊은 곳에 다다르면
고요 속에 깊은 잠을 청하기도 하련만
지나온 길 억울하여
성난 파도로 일어서서 운다

떠나온 산 계곡 그리워
무인도 칼바위 들이받고 우는
물은
하늘 맞닿아 푸른빛을 닮았다.

마량포구*

길 잃은 철새만 남겨두고
황혼이 핥고 가는 갯벌
종일
칠게가 파놓은 모래성도
생각의 파도에 무너지고
갈 길 바쁜 철새는
바람도 쉬고 있는 갈대밭 위로
이륙을 서두르는데
먼 바다 끌고 돌아온 통통배
초라한 선창에 지친 몸을 기댄다.

*충남 서천군에 위치한 작은 포구

전우여

청산 계곡 바람도 울고 가는
6월이 오면
155마일 비무장지대
긴장과 적막의 능선 따라
망초꽃 일어서 핀다

한 기폭 내려 달린 깃발
가슴 아리도록 펄럭이는
6월이 오면
포성에 날아간 전우여
그대 잊지 못해 노병은 또 슬프다

천둥이 종일 하늘 속에서 울어대는
6월이 오면
전우여, 그대
죽음으로 지켜낸 내 나라
반도의 허리는 아직도 아프다.

꽃바람

잔설 지우며 달려온
꽃바람
실가지 매달려 사랑을 고백하면
햇살 내려앉은 언덕에는
개나리·진달래 아가씨
분 바르고 연지 찍고 앉아
수줍은 향기 날려 님을 부르고
첫사랑 기다리던 동백꽃
잔설 면사포
아직은 벗지 못했는데
바람난 봄바람 애무하는 손끝에
툭툭 하혈하며 떨어지는
남녘 섬마을 봄날.

거미줄

선득선득 찾아오는 가을바람에
꽃잎이 지려고 하는데
꽃대를 엮다 버려둔 거미줄에
꽃잎이 걸렸습니다

애처롭게 흔들리는
꽃잎을 떼 주려고
지나가는 바람이 흔들어 보지만
꽃잎은 어지럽게 빙빙 돌뿐
떨어지지 않습니다

가을에 밀려 여름은 저무는데
꽃대와 꽃잎 사이 엮인
고래 힘줄 같은 인연의 끈
참으로 질깁니다

봄날 같은 젊은 시절
내 곁을 스쳐간 여인들은
거미줄같이 끈끈한 정情
눈곱만큼도 없었는지
쉽게도 떨어져 나갔습니다.

늦가을 산

달빛도 비껴가는 찬바람
나뭇가지에 앉아 그네를 타는
늦가을
돌 틈새 웅크리고 앉은
병든 낙엽을 데리고
시간은 겨울을 찾아 떠난다

멀고 먼 여정의 끝자락
이승의 찬란한 빛과
우정을 다독이며 살았던 산은
어둠으로 내려앉아
더는 채색할 여백도 없는
삶의 캔버스가 되었다

마지막 남은 붉은 물감을 퍼부어
정열을 불태우고
하얀 눈발의 저주를 기다리는
산은, 지금
슬프디 슬프게
붉은 피의 노래를 연주하는
풀벌레 울음소리만 처량하다.

경계선
- 1963년의 수모

나는 보았다
식민지에서 벗어난 국토 반 조각

나는 보았다
이웃의 땅을 빼앗는 방법을……

군사정권의 힘으로 새로 그어진 지도
하루 연락선 한 번 겨우 드나드는
서해 제일 먼 섬 하나
어청도 주고
빼앗아간 노른자 땅
금산군과 논산군 일부

먼 이국의 이름으로 하와이가 된 설움에
'도민궐기대회'라 이름지어놓고
어둠의 거리로 뛰쳐나와
만세 불렀던 전라도 사람들……

그 시절
군중집회대열 끝자락에 서서
"전라도 땅을 돌려 달라"

외쳤던 울분의 일성

오늘,
둘로 갈라진 대둔산 정상에서
그 일성 다시 터트려본다

아무런 이유 없이 땅을 갈라놓고
지역감정 만든 정치벌레들
그들의 더러운 소행을……
대둔산 정상에 서서
나는 다시 본다

선을 그을 수 없는 충청도와 전라도 땅
산의 자유가 눈앞에 펼쳐져 있음을 본다.

가냘픈 계절

겨울 나뭇가지
메마른 생각 걷어내는
햇살 스치면
푸른 하늘빛 녹아
산과 들녘, 강물을 적시고
동안거를 마친 산벚나무 실가지마다
칼날 무뎌진 바람 앉아
위태롭게 타는 그네에
기억의 마디처럼 돋아나는
저것,
가냘픈 봄이 흔들린다.

인연因緣

네가 나에게 올 땐
흔적 없는 바람처럼
있으면서 없는 듯
인연이란 끈으로 묶여 왔다

네가 내 안에 머물러
꽃이 되고, 슬픔이 되고
아픔이 될 때까지
우리는 인연으로 묶인 하나라 했다

네가 떠날 때
가슴속 남겨진 그리움
사랑을 준만큼 깊고 깊어
서로가 안고 가는 상처도 컸다

형체도, 소리도 없이 맺고 떠나는
야속한 너, 인연이란
내 삶 속에 머문 상처 한 가닥
흔적 없는 끈일 뿐이었다.

화엄경華嚴經 세상
― 구례 화엄사에서

굽이굽이 산새도 울고 가는
지리산 깊은 계곡
어제저녁 울던 범종 소리
화엄 도량 가득 내리더니
오늘은 홍매화 꽃잎 지고
모든 존재 서로 연결되어
가녀린 봄빛들도 내려앉아
맑은 물소리 빚어내는구나
세상사 아는지 모르는지
욕심 많은 노스님
불상 앞 꿇어앉아 두들기는
목탁 소리 맞춰
화엄경 낭랑히 읊어 가면
법계연기法界緣起 깨달음
속세의 만물들 이젠 알 수 있을까?

제4부

목마의 길

봉천동 소묘素描

하루해가
일출과 일몰의 시각을
지붕 끝에 그어놓고
퇴행성관절염 앓다 가는
봉천동 산동네

어스름
설핏 지붕 끝을 내려와
골목어귀 쓸쓸히 젖어 들면
낡은 호미 등 닮은 노인
수레 가득 폐지를 싣고 돌아온다

비틀거리는 노인의 수레 끝에
달동네 겨울을 기억하는 연탄집게와
쓰린 속을 비운 소주병 몇 매달려
서로를 위로하며 덜컹대는데
노인은 하루치의 피로를 덤으로
수레에 싣고 비탈길을 오른다.

계절의 시작

새벽안개 덮였던
산과 들녘이 열리면
햇살 닿는 곳마다
글썽이며 녹아내리는
잔설殘雪 밑
여린 생명체 다투어 일어서고
봄의 여섯 절기節氣*
마디마디 위태롭게 맺힌
꽃망울들
계절의 순서 따라
차례로 꽃잎 풀어놓는다.

*봄의 여섯 절기 : 입춘, 우수, 경칩, 춘분, 청명, 곡우

꽃샘추위

질척이며 진눈개비 내리면
봄을 기다리던 꽃눈들
아예 눈을 감고 다시 동면에 든다

제자리 찾지 못하는 바람만
분주히 봄을 길어 나르는
골목 안
목련꽃망울도 솜털 벗지 못하고
봄이어도 봄이라 불리지 못하는
귓불까지 시린 날이다

바쁠 것 없는 세월의 시계는
헛바퀴를 돌리는데
우리들의 어제도 그 자리에 있을까

겨울, 도돌이표 찍고 내리는
3월의 눈발이
땅속 깊이 봄을 묻어두고 돌아선
날(日)
꽃샘추위 밉다.

山寺에서

여린 햇살 한줄기
꽃잎에 앉았다 가는
5월의 아침
山寺의 고요를 깨고
귓바퀴 털어 내리는 풍경風磬소리
살포시 흔들려 울면
찰나에 날아오른 산새무리
푸른빛을 끌고 하늘 높이 솟구쳐
불국정토佛國淨土 찾아간다.

바닷가에 서면

바닷가에 서면
바람은 언제나 거기 살고 있었다

때로는
사나운 기세로 파도를 몰아오고
때로는
온화한 위로를 건네주기도 하는
변덕쟁이 바람이었다

생선 썩는 비린내를 흘리며
바람을 몰고 떠나간 고깃배
언제나 기약의 뱃고동 울렸지만
선창에는
눈물도 말라버린 작부만 남는다

만남과 이별이 공존하는 곳
바닷가에 서면
어제의 바람도 먼 훗날의 바람도
서로서로
오늘을 위로하며 살고 있었다.

왕벚나무

설한풍 몰려가던
긴긴밤
뿌리 깊이 쌓인
그리움
남모르게 묻어두고
봄을 기다리던
왕벚나무
하얀 젖무덤 풀어헤쳐
발그레 수줍음 털어내면
사내들 애간장이 녹는데
갈 길 바쁜 봄바람
한들한들
가지 끝에 매달려 춤을 춘다.

어린이날

썰물 빠지듯
학생들 뭉쳐 떠나간
텅 빈 교정
비둘기 한 쌍 뒤뚱거리며
아이들이 흘리고 간 웃음 조각
콕콕 찍으며 간다

간혹, 비둘기 부리 빠져나온
헤픈 웃음들
까르르까르르 튕겨 오르는
만국기 없는 5월 학교마당
위로하듯
빈손으로 다녀가는 바람만 분다.

장마

바람은 언제 다녀갔는지
흔들리던 6월의 숲
연둣빛 솜털을 벗어 던지고
검푸르게 우거지면
개망초 하얗게 피어나는
155마일 철책선 따라
전운戰雲이 갇혀 있는 비무장지대
전우의 혼魂을 부르며
민족의 설움이듯 장맛비 내린다

구름 내려앉아
산봉우리 걸쳐 있는 하늘 속
슬픈 전우의 통곡이듯
천둥이 울고
반만년 암울한 역사 속에
피비린내 총칼의 기억을 끌어안고
산비탈 웅크리고 앉은 바위여
너도, 6월 장마 시작되면
슬픈 그날을 기억해 내어
울어야할 때임을 안다.

선모초仙母草

밤에는 무서리 내리고
바람 분주히 낙엽 몰고 가는
늦가을

산기슭 양지 녘
하얀 웃음꽃 피워들고 앉아
몸을 파는 선모초

짙은 분 냄새 날리지만
길 잃은 뒤영벌 한 마리
찾아오지 않는 꽃

봄부터 가을까지
모든 꽃을 지우고
홀로 늦게 피어 외로운 꽃

구월구일 채취하여 쓰는 약재
너는, 외로운 가을 여인
어머니 사랑 한 폭 그 속에 있네

밤마다 무서리는 내리는데

순수의 꽃말 담아
사랑은 잉태할 수 있을까

하얀 꽃잎 속의 노란 꽃술
씨앗 없는 여인들
끈질긴 구애로 자식 점지 받을까.

쉼표

내 삶의 길 위에
꼬리 달린 점하나 찍어놓고
한 번쯤 쉬어가고 싶다

굽이굽이 황톳길
비바람이 몰아쳐도
달려만 왔던 길

작은 돌부리 같은
쉼표 하나 찍어놓고
한 번쯤 쉬어가고 싶다.

다녀가는 봄

실개천 물소리 요란하게
몸을 풀며 강으로 가면
천변 늘어선 벚나무
환하게 꽃잎 피워 들고서
벌·나비 유혹해보지만
오시라는 님은 보이지 않고
스쳐가는 바람만
화르르 꽃잎 떨어뜨린다

모두가 내 탓인 듯하여
가던 발길 멈춰 서니
꽃잎 진자리 가지 끝에 앉아
사랑을 나누던 직박구리 한 쌍
깜짝 놀라 날아가는
찰나의 계절이다

봄은 그렇게 오는 듯 가고 있었다.

가을 비둘기

서러운 눈물이듯
떨어져 흐느끼는
가을비에
굶주린 비둘기 한 쌍
흘러간 자유를 적시며 간다

빗겨 가는 세월처럼
빗물 모여 떠나는 길
젊음도 사랑도 함께 가고
뜨거웠던 여름의 흔적을 지우며
비둘기도 병든 낙엽 따라 간다

비바람에 꺾어진 세월의 이정표
관절의 아픔만큼
비에 젖어 흐느끼는 가을날
외로운 비둘기 한 쌍
하루 끝의 방향을 잃고 말았다.

마을버스 정류장

길 잃은 뒤영벌 한 마리
국화꽃 위에 앉으면
꽃은
처음 만나는 낯섦에
얼굴 붉혀
분 냄새 찬바람에 흩날리고
나뭇가지 떠나온 병든 잎새
계절의 안부처럼
바람결에 사각이면
계곡물 콜록콜록 잦아들어
시골길도 적막이 쌓이는
늦가을 아침
서릿발 녹아 흐르는
정류장 차양 위
한 줌 햇살 내려앉아
시름시름
제 그림자 끌고 가는
마을버스 배웅한다.

겨울 바다

키를 낮춘 하늘에선
소리죽여
눈이 올 것 같은데
우우우 울며 살을 깎는 바람
파도를 몰고 달리는 바다
위에
새벽을 여는 고깃배 한척
통통통 가쁜 숨을 내쉬며
만선의 꿈 싣고 먼 바다 떠나고
뒤로
무인도 어디쯤
바닷바람 막아선 나무숲에서
노숙을 마친 갈매기 한 쌍
날개 흔들며 따라나서는
새벽바다 시리다.

출근길

마음의 빗장을 열며
여린 빛살 돌아오는
아침
노숙을 마친 비둘기도
하루의 비상을 서두르는데
종종걸음 바쁜 사내
바지 주머니 속
웅크린 겨울 한 줌 찔러 넣고
일상의 물레 돌리며 간다.

절규

매일
도심을 메운 고층 아파트 창가는
먼동이 익는 시간부터
새들의 아우성으로 소란하다

단지 내 새로 조성된 숲에
개발에 밀려온 텃새들이 모여
둥지를 틀고 앉아
아침이면 주민들을 깨운다

'주민 여러분! 내 사랑을 받아주오'
'내 사랑을 받아주오'
절규 아닌 절규로
가가호호 창문을 두드리는
자유의 새 외침들

폭음에 찢겨진 산허리
아픔을 안고
파편처럼 날아와 훌쩍이는
그 작은 가슴의 울림이 서럽다.

회오리바람

들녘을 휘몰아
뜬소문이 소용돌이쳤다

세차게 몰려오다 치솟기도 하고
더러는
미련이 남아 빙빙 도는
그리움의 형상으로
엉키고, 설키고 하나가 되는
야릇한 소문의 발원

뜬소문을 매달고
메마른 풋보리밭 달리다
하늘 높이 솟아오르는
회오리바람
적막한 봄볕 한 줌 쓸어안고 간다.

제5부

흐느끼는 목마

바람

자유가 억압된 폿대 끝
청마 유치환이 오래전에 달아놓은
노스탤지어의 깃발을 흔들며
바람이 살고 있었다

떠도는 방향과 속도를 안고
하루를 지켜내기 위한
몸부림 같은 깃발
애달피 흔드는 바람의 모습 보였다

때론, 자유가 더욱 그리워
폿대 끝 깃발을 두고 내려와
억새도 쓰다듬다 가는
외로운 바람이기도하였다.

나팔꽃

장맛비 그치면
매일 오가던 길섶 잡풀들 사이
허무한 사랑*이 아쉬워
허공을 향해 머리를 쳐든
뱀의 형상 같은 나팔꽃
뒤틀린 덩굴 뻗어 올라
마디마디
보랏빛 나팔들 매달아 놓고
동쪽 바다 건너오는 햇살
하루의 문을 여는 아침마다
허무한 사랑의 기억을 지우며
눈물 맺히는 합주를 한다.

*허무한 사랑 : 나팔꽃 꽃말

그 소녀

햇살 거두어 간 창문 안으로
어둠 깃들면
천상을 울리듯
가냘픈 풍금 소리
애달피 들려주던 그 소녀

가을 베어낸 들녘
카랑한 바람에 흔들리는
외로운 꽃송이 들국화처럼
내 안에 스미어
발그레 얼굴 붉히던
사과 닮은 그 소녀

내 삶의 화폭 안에
멋대로 스케치해나간
사랑의 세레나데 같은
문득 바람결에 떠오르는
젊은 날의 그 소녀

먼 훗날, 지금
건반을 밟고 간 음률처럼

기억의 마디 속에 박혀있는
그 소녀
곱디고운 할미꽃이 되었을까

정류장

청자빛 하늘
병든 노을로 물들다 사라지면
색종이 같은 하루를 뭉쳐놓고
비틀거리는 차창 밖
네온불의 배웅을 받으며
둥지로 돌아가는 노동자들
무거운 어깨 위에 자유가 내려앉는다

종일
내가 아닌 세상을 살면서도
흔들리는 깃발처럼
푯대 같은 직장을 잡고 버텨온
노동자들
심한 멀미를 안고 미친 듯 지나쳐온
오늘이란 정류장을 내려놓고 간다.

튤립 피는 강변

봄볕 활활 익어가는 한낮
도심의 강변을 걷다가
잡초 걷어낸 둔치 한편
색색으로 꾸민 튤립 꽃밭을 본다

스쳐가는 강바람 시샘하여
온몸 흔들어도
일편단심 그 임을 위해
꽃송이 세워 들고
사랑을 고백하는 꽃

날아가던 물오리 떼
날개 접어 내리는
도심의 실개천 둔치
옹기종기 모여 앉은 튤립 무리
봄날이 저물까 봐
빨강·노랑·분홍빛으로 환하게 불 밝혔다.

*튤립 꽃말 : 명성, 애정, 사랑의 고백

저당 잡힌 햇살

꿈들이 뿔처럼 돋아나는
서울의 거리
자신을 가두고 혼자 아파하는
말 말 말들이
아직 울지 못한 음들을 글썽이며
하루의 종말을 예고하는
숨 가쁜 시간위로
빌딩을 빗겨 내려오는 햇살이 눕는다

종로의 거리, 서울역 광장, 한강 물결 건너
사람소리 들끓던 노량진시장까지
더러는
내 안에 펼쳐진 빈곤의 사막 중심에도
하루의 소임을 다한 햇살이
역광으로 비틀거리며 눕는다

서로의 빈틈을 살짝 빗겨 가는 우정처럼
어둠이 바람을 몰고 와
차갑게 떨리는 골목 안으로
촉수 여린 백열등 내려놓고
하루를 저당하며 돌아가는 햇살

뒤로
노동자의 어깨가 무겁다.

외로운 바다

갈매기도 날개를 접은
외로운 바다

칙칙한 어둠을 밀며 다가오는
장맛비
흔적 없이 내려앉으면
젖은 파도 위로
슬픈 시인의 가슴 따라 젖어
끌어안고 함께 우는 바다

웅크리고 앉아 밤잠 설쳤던
무인도 철새들도
쫓기듯 가는 세월 앞에
아쉽고 서러워
울 수밖에 없는 바다

망망대해 가물가물
집어등 실눈 뜨고
포구 찾아 떠도는 고깃배
작은 심장 통통 뛰는
외로운 바다.

억새

산비탈 양지 녘
바람을 등지고 서서
울며 이별하는
흰머리 억새꽃을 본다

서슬 퍼런 지난날 내려놓고
칼을 가는 쇳소리로
울며 결기 흩날리는
억새꽃을 본다

뉘엿뉘엿 햇살 쓰러지는
산비탈 황혼 녘
온몸 흔들어 이별하는
흰머리 억새꽃을 본다.

슬픈 계절
−호국의 달에

봄꽃 진자리
바람은 언제 다녀갔는지
따가운 햇볕만 남아
연둣빛 계절을 지우는데
새소리 흔들리는 계곡물 따라
산사의 노스님 불국토 달려가는
낭랑한 염불 소리
속세의 인연 매일 끊어도
그리움 한줄기
새록새록 돋아나는
슬픔의 계절
잔인한 유월이 되면
전우들 돌아와 가슴을 할퀸다.

섬마을 노인

지붕 끝으로 내려선 그늘이
담벼락에 묻는 저녁나절
감나무 실가지 날개 접고 앉아
시간을 지우며 졸던
늙은 새 한 마리
바람 흩어지는 석양노을 속으로
뭉그러진 하루를 안고 떠나면
뱃고동도 서럽게
섬 굽이돌아 빠져나가고
눈물도 메말라버린 노인은
파도에 쓸려간 추억을 떠올리며
질긴 옛 노래 잇몸으로 부른다.

山寺의 봄날

계곡을 탈출하는 수면 위에
저민 물안개 걷히면
소리 없이 오는 아침 속
비집고 끼어든 텃새울음
뒤로,
절뚝이며 스쳐 가는 하루 시작되고
촛불이 꼬리를 흔들며
소외된 자유를 녹여 내리는
대웅전 불상 앞
가부좌 튼 산승山僧의
십억 불국토 먼 길 떠나는
외로운 불경 소리
낭랑하게
봄볕 내려앉은 능선 넘어간다.

비에 젖은 비둘기

서러운 눈물이듯
떨어져 흐느끼는 빗줄기에
굶주린 비둘기 한 쌍
흘러간 자유를 적시며 간다

밀려가는 세월처럼
빗물 모여 떠나는 길
비둘기가 살아온
깊은 사랑의 흔적들 함께 간다

비바람에 꺾어진
관절의 아픔만큼 흐느끼는
자유와 빈곤의 마당에
한 톨 사랑 콕콕 찍으며 가는
평화의 새 비둘기.

만추晚秋

산이 내려와 빈 들녘에 눕는
저녁놀이면
날개를 털며 비상하는 철새도
갈 길을 잃었는지
붉은 하늘 찍어 물고
돌고 돌아 별이 되는데
묵정밭 머리
찬바람에 빗질하는 억새꽃 무리
하얀 슬픔 터트려
귀뚜라미 섬돌 밑 숨어 운다.

가을 동학사東鶴寺

계룡산 천왕봉 빗겨 내려오는
싸늘한 바람도
흩어지는 낙엽 모아놓고
법구경法句經 읊다 가는
동학사 가람伽藍
대웅전 질기와 받쳐 든 추녀 끝
외로운 풍경風磬 소리 가냘픈데
비구니 스님
속세의 첫사랑 내려놓고
십만 억 불국토 가는
가냘픈 불경소리 잦아드는 해거름
높은 하늘에는
붓다 얼굴 닮은 뭉게구름
발그레 웃음꽃 피웠다.

동지 무렵

하루해가 짧은 겨울
종일 떨다 가는 햇살
서해를 삼키고 저물면
밤마실 나온 아기별들
추위도 잊은 채
하늘 운동장에 모여
숨바꼭질하는데
물새 떼들 차가운 별빛 덮고
돌아눕는 어둠의 바다
눈을 부릅뜬 집어등 아래
가난을 이어가는 어부들
설한풍에 손발이 시리다.

겨울 바닷가

섣달그믐
어둠의 그림자
서해 끝자락으로 떨어지고
잔물결마저 서서히
노을빛 위의 배 흔들면
먼 바다 달려온 파도 소리
달팽이관이 말아 넣는 바다
날개 접지 못한 잿빛 갈매기
둥지 찾아 배회하는
철 지난 해수욕장
추억들 몇 남아
까르르 까르르
지친 몽돌 굴리고 있다.

흐느끼는 목마

한때는
푸른 들판을 달리고 싶었다

회전각을 이탈하면 안 되는
고정관념의 세상
한평생 제자리 빙빙 돌면서
평원을 달리는 상상만으로
야생의 꿈을 키웠다

그래도 모자라면
꿈의 조각들 모아놓고
밤하늘 별자리 주술을 걸어
현재를 탈출하고픈 희망도 키웠다

지금은 황혼의 그늘을 밟고
멈춰선 회전목마
등 위에 피어난 어린 꿈들이
백발의 갈기로 내려앉았다

허나,
관절 시린 목마는

드넓은 평원으로 가고픈
희망을 버리지 못하고
제자리 뛰기를 멈출 수 없다

정해진 운명을 탈출하여
자유의 들판을 그리워하는
목마는, 오늘도
슬픔이 도져 꺽꺽 목이 멘다.

| 작품해설 |

깊숙한 뜨거움과 싱그러운 시정신
―김완용 제9시집『목마의 꿈』에―

장 철 주
(시인, 문학평론가)

1. 축어적 묘사와 비유적 묘사

『목마의 꿈』은 김완용 시인의 제9시집이다. 오랜 군대 생활을 하고, 뒤늦게 문예창작학과를 졸업했지만 김 시인은 뜨거운 시정신으로 말과 글의 아침을 싱그럽게 열어 왔다. 또한 활화산처럼 정열적 시정신으로 일찍이 문단생활을 한 시인들보다 오늘도 더욱더 붓을 가다듬어 후세에 길이 남을 명편들을 집필하고 있다.

목가시인, 전원시인, 한편으로는 저항시인으로도 손꼽히는 세계적인 문인인 신석정 시인에게는 애제자가 세 사람이 있었다.

  ○ 익산 이기반 시인

○ 전주 허소라 시인
　○ 군산 이병훈 시인

　익산 남성여고에서 제자들을 가르치던 이기반 시인이 전주 영생고교로 직장을 옮기면서 전주에는 신석정 시인(전주 상고), 허소라 시인(전주 신흥고) 등이 모이게 되었다.

　흥미로운 것은 상업학교인 전주 상고에서 문두근 시인 등 훌륭한 문인들이 많이 배출되었으며, 신흥고에서는 강상기 시인, 박윤기 시인 등 이 시대를 대표할 만한 유니크한 문인들이 대거 문단에 진출한 점이다.

　전주 영생고도 이기반 시인이 교사로 오게 되자 문예반이 탄생하고 시화전, 교지 등을 만들게 되었다. 한 사람의 시인이 교편을 잡음으로써 수십 명의 문인이 배출되었는데, 필자의 주관적인 분류로는 다음 다섯 시인을 영생고 문예반이 탄생시킨 서정시의 별이라고 기록하고 싶다.

　★ 이시영 시인 : 한국작가회의 이사장 역임, 창작과 비평사 주간 역임, 첫 시집 『만월』 등 수십 권의 저서 있음
　★ 김완용 시인 : 공군 준위로 예편, 시집 『들녘에 부는 바람』 외 8권, 시선집 『기억의 마디』, 수필집 『그 길 문득』 등의 저서가 있으며, 한국시인상, 황희문화예술상, 무원문학상, 금남문학

상, 국제펜문학 한국본부대전지회 문학상, 대전시인상 등의 문학상을 수상하고 보국훈장 광복장을 수훈하였으며 현재 (사)한국공무원문학협회 회장으로 순수한국문학의 지평을 열어가고자 노력하고 있음.

★ 장재훈 시인(본명 : 장철주) : 도서출판 일조각 등 출판사 근무, 첫 시집 『길, 문득 사라지고』 등 몇 권의 시집이 있으며, 동화책과 위인전이 많음, 현재 《현대작가》 주간으로 한국문학발전에 이바지하고 있음.

★ 박찬중 시인 : 도서출판 〈바른길〉 사장 역임, 첫 시집 『억새』 이후, 『어머니』, 『오서산 엽신』 등 여러 권의 작품집 있음.

★ 강일성 시인(본명 : 강성수) : 첫 시집 『수덕사의 쇠북소리』, 소설집 『구나의 먼 바다』 등 많은 작품집 있음.

2025년 8월 현재, 안타까운 점은 박찬중 시인과 강일성 시인이 저 하늘나라로 갔다는 것이다.

영생고 출신 문인으로는 대학교수, 경찰서장, 중·고교 교장, 유명강사 등이 많지만 필자의 객관적이 아니고 주관적인 견해로는 위 다섯 시인을 선정할 수밖에 없었다. 또한 이 다섯 문인 중에서 두 시인은 서거하였고, 현재 세 시인이 생존해 있는데, 이 중에서 가장 정열적이며 샘솟는 창작열에 불타올라 집필활동에 매진하는 시인이 바로 김완용 시인이라고 할 수 있다.

필자는 위 시인들이 누가 뭐라고 해도 신석정 시인과 이기반 시인의 맥락을 이어온 문인임을 강조하기 위해 장황하게 서두를 장식한 것이다.

  김완용 시인은 이 시집의 머리말 격인 '시인의 말'에서 다음과 같이 피력하고 있다.

  "이번에 상재하는 『목마의 꿈』은 제8시집 『서울 아리랑』 이후 3년 만에 내놓는다. 지난날 발간한 시집들은 절필의 기간이 어눌하여 토해 놓은 작품들이라면 제9시집 『목마의 꿈』은 다시 일어서는 인간의 의지를 자연과 일상에서 파생되는 사연들로 묶었다.
  우리들의 삶은 회전목마와 같다. 의인화(擬人化)된 회전목마는 매일 제자리를 돌며 산다. 회전목마의 꿈이 있다면 자유를 찾아 평원을 달려보는 것이다.
  나는 제자리에 얽매인 굴레를 벗어던지고 세상 밖으로 달려 나와 가슴에 맺힌 말들을 독자들에게 들려주고 싶었다."

  일정한 시각을 지닌 한 문학평론가 앞에 존재하는 시적 대상은 우선 하나이다. 그 하나인 대상은 동시에 하나의 세계로서의 하나이기도 하다.
  사물이든 관물이든 그 대상은 각각 의미의 세계, 의미의 우주인 까닭이다. 특정한 대상, 곧 특정한 시적(詩的)

대상이 하나의 세계라는 사실은 그 대상이 많은 부분으로 이루어진 전체, 많은 국면(Aspect)으로 어우러진 하나라는 점을 시사한다.

좋은 시이든 그렇지 못한 시이든 구별 없이 모든 시에는 어떠한 형태의 정서가 개별적 편차를 보여주며 나타나게 되어 있다.

이 개별적 편차 속에는 일정한 양의 시작품들이 공통으로 숨기고 있는 관념상의 패턴이 있다. 그것은 대상에 대한 인식을 주체한 감각의 깊이와 넓이, 또한 그것을 드러내는 언어 표현 행위의 적절성과 깊은 관계를 지니고 있다.

    한때는
    푸른 들판을 달리고 싶었다

    회전각을 이탈하면 안 되는
    고정관념의 세상
    한평생 제자리 빙빙 돌면서
    평원을 달리는 상상만으로
    야생의 꿈을 키웠다

    그래도 모자라면
    꿈의 조각들 모아놓고
    밤하늘 별자리 주술을 걸어
    현재를 탈출하고픈 희망도 키웠다

지금은 황혼의 그늘을 밟고
멈춰선 회전목마
등 위에 피어난 어린 꿈들이
백발의 갈기로 내려앉았다

허나,
관절 시린 목마는
드넓은 평원으로 가고픈
희망을 버리지 못하고
제자리 뛰기를 멈출 수 없다

정해진 운명을 탈출하여
자유의 들판을 그리워하는
목마는, 오늘도
슬픔이 도져 꺽꺽 목이 멘다.
　　　　　　　－「흐느끼는 목마」 전문

여름 땡볕 내리면
어머님 등에 피는 하얀 소금꽃
해질 녘
무거운 어깨 위로 별이 내려앉을 때
등판 가득 솟아 핀 사랑의 꽃
남모르게 끌어안고
둥지 찾아 돌아오시던
내 어릴 적 어머니
가끔은 쉰내도 났지만
종일,

청춘과부 뭉친 설움
눈물보다 더 짠 소금꽃밭
무논에 엎디어 일궈내신
내 어머니 등.
　　　　　　　-「소금꽃밭」전문

명승고찰 직지사 뒷마당
가을이면
노스님 가슴을 헤집고 일어서는
꽃무릇 무리

기구한 인연의 표상이듯
잎과 꽃이
서로의 안부를 남겨두고
오늘은 꽃잎만 붉게 물들였다

이승과 저승의 갈림길에
그리워도 만나지 못하는
사랑의 상사화
몇 해를 피워야 잎은 꽃을 만날까

이루지 못할 사랑
하늘도 서러워 우는지
주적주적 가을비
산사의 도량을 적신다.
　　　　　　　-「꽃무릇」전문

필자는 어느 관점에 의해서든, 그 관점에서 대상을 수용하기만 하면 시가 되는 것이 아니다라는 시론(詩論)을 갖고 있다. 대상을 시적 공간에 수용하는 과정이란 시 언어로 표현하는 행위이므로, 언어로 표출해 놓은 후에야 그것이 어떤 내용인지 알 수 있기 때문이다.

앞에 인용한 「흐느끼는 목마」, 「소금꽃밭」, 「꽃무릇」 등, 3작품은 시인, 시적 대상, 시적 의식, 시적 언술, 시작품이라는 과정의 결과를 보아야 알 수 있는 것이다.

물론, 시구를 구성하는 기승전결(起承轉結)이 짜임새 있게 되어 있는 시작품들이 대부분이지만, 김완용 제9시집 『목마의 꿈』에서는 위에 인용한 「흐느끼는 목마」, 「소금꽃밭」, 「꽃무릇」 등이 대표적인 것이다.

「흐느끼는 목마」에서는 단순히 축어적 묘사와 비유적 묘사라는 수사적 차이만 있는 게 아니다. 그 차이는 언어를 매개로 하는 관념화된 감각이 아닌가, 다른 말로 표현해 보자면 형식화된 시정신인가 아닌가 하는 축어와 비유의 엄청난 차이인 것이다. 그 형식화된 감정이란 무의식적 충동과 감정, 그 자체이며, 예술적 표현 속에 생생히 살아 있는 객관화된 사고의 구체적 모습인 셈이다.

「소금꽃밭」에서는 또 다른 형태의 사모곡(思母曲)을 볼 수 있다. 김 시인은 많은 시작품에서 어머니를 그리워하며 노래했지만 여기에서도 '어머니'라는 시적 대상에 대한 시인 나름의 진정성 있는 의미 탐구와 효심(孝

心)을 엿볼 수 있다.

명시적으로 드러난 깨달음 하나하나는 사물과 관념으로 어우러진 시인의 세계에 대한 해석으로 우리에게 깊이 인식되는 것이다.

「꽃무릇」을 감상하노라면 〈황무지〉로 유명한 T. S 엘리엇의 적절한 지적이 떠오른다. "시작품이란 감정의 표현이 아니라 감정으로부터의 도피이다." 시도 그 나름대로 세계를 인식하는 하나의 형태 양식이다. 그런 만큼 그 속에서 우리는 인식의 내용을 요구한다. 다시 말하면 독자인 우리로서는 인식하지 못했으나 시인이 인식한 어떤 것, 또는 다른 시인이 인식하지 못한 어떤 것이 그 속에 함유되어 있기를 희망한다.

명승고찰 직지사→가을→노스님 가슴→기구한 인연의 표상→잎과 꽃→서로의 안부→이승과 저승의 갈림길→사랑의 상사화→이루지 못할 사랑→하늘도 서러워 우는지→주적주적 가을비→산사의 도량, 적신다 ― 이런 기승전결 속에는, 어색하고 과장된 표현이 없이 우리에게 시적(詩的) 감동을 준다.

김완용 시인은 일상의 경험을 시작품으로 승화시킬 때, 그 구체적 경험의 국면을 명확히 구분하고 객관화시키는 능력이 있다.

2. 멀고 먼 여정, 뒤돌아보기와 내다보기

　푸른 귀의 달팽이관을 열어
　바람 소리, 새소리
　가지마다 붙어 있던 소리들
　내면의 나선에 간직하는
　늙은 나무
　바람이 가져다 준
　은색의 비닐 머플러 소식까지
　나뭇가지에 걸어 감고
　햇살 저무는 고갯마루에 앉아
　은밀한 파동의 소리를 듣는다

　몸은 늙었으나
　푸른 귀들을 빼곡히 달고 앉아
　바람에 떠밀려오는 세상 소식들
　그늘 보자기에 쌓아 매일 간직하는
　늙은 나무
　햇빛의 흔적 같은
　아픈 상처의 옹이를 감추며
　암울한 역사 이어온
　뿌리 깊은 핏줄에는 지금
　비밀스러운 사연들 넘치고 있다.
　　　　　　　　　－「늙은 나무」 전문

　달빛도 비껴가는 찬바람
　나뭇가지에 앉아 그네를 타는

늦가을
돌 틈새 웅크리고 앉은
병든 낙엽을 데리고
시간은 겨울을 찾아 떠난다

멀고 먼 여정의 끝자락
이승의 찬란한 빛과
우정을 다독이며 살았던 산은
어둠으로 내려앉아
더는 채색할 여백도 없는
삶의 캔버스가 되었다

마지막 남은 붉은 물감을 퍼부어
정열을 불태우고
하얀 눈발의 저주를 기다리는
산은, 지금
슬프디 슬프게
붉은 피의 노래를 연주하는
풀벌레 울음소리만 처량하다.
　　　　　　　　　－「늦가을 산」 전문

바닷가에 서면
바람은 언제나 거기 살고 있었다

때로는
사나운 기세로 파도를 몰아오고
때로는

온화한 위로를 건네주기도 하는
변덕쟁이 바람이었다

생선 썩는 비린내를 흘리며
바람을 몰고 떠나간 고깃배
언제나 기약의 뱃고동 울렸지만
선창에는
눈물도 말라버린 작부만 남는다

만남과 이별이 공존하는 곳
바닷가에 서면
어제의 바람도 먼 훗날의 바람도
서로서로
오늘을 위로하며 살고 있었다.
　　　　　　　　－「바닷가에 서면」 전문

빛의 반대편에서
있으면서 없는 듯
길 함께 가는 반려자
깊은 생각의 계단을 오를 때에도
너는 그 자리 있다

모두 떠나는 가을날
슬픔이 도져 바람 사나울 때
소란스럽게 낙엽마저 흩어졌지만
너는,
나의 발아래 엎드려

울지도 떠나지도 못했다

이별 모르고 인연의 끈을 놓지 않는
얼굴 없는 그림자
너는,
충성맹세를 한 나의 군사
죽음의 저편에서도 다시 만날 수 있을까?
　　　　　　　　　　　　－「얼굴 없는 그림자」 전문

멀고 먼 그날
사월 바람은
꽃잎을 물고 떠났습니다

사월 바람은
먼 하늘나라 푸르른 봄빛 불러
산야를 물들이고
민주의 뿌리를 찾아 떠났습니다

당신의 바람 흔들리는 불길로
오늘 이 땅에는
활활 봄꽃이 피고 지는데
종다리 하늘 높이 날아올라
사랑노래 지저귀는데
그대 모습만 보이지 않습니다

사월 바람
꽃잎을 물고 떠난 지 수십 년 지났건만

이 땅에는
봄을 자축하는 웃음소리 아직 들리지 않습니다

민주의 꽃물 흐드러져
산 계곡을 적시고, 삼천리강산 적시고
당신의 자유가 더 큰 바람으로
이 땅에 휘몰아쳐
못 다한 민주주의 되어 돌아올 오늘입니다.
─「사월의 바람」 전문

  김완용 시인은 참으로 다양한 분야의 시작품을 많이 빚었다. 추억의 시, 현재의 시, 미래의 시뿐만 아니라 인간의 시, 사물의 시, 역사의 시 등 여러 분야에서 뛰어난 시작품을 진지하게 발표하였다.

  과거를 뒤돌아보는 추억의 시와 현재의 시, 그런가 하면 미래를 내다보는 시 등을 발표하곤 하였다. 김완용 시인은 과거의 일 등을 붙들고 오래 고심하기도 했으며, 성찰을 통해 미래의 토대를 다지고, 미래의 무지개를 붙들고 그 방향을 고민하기도 하였다. 또한 과거의 경험과 추억을 통해 새로운 시정신과 의지를 쌓기도 하였다.

  사람들은 그 시대가 추구하는 가치를 하나의 사물 또는 하나의 자연에 빗대어 표현하곤 하였다. 조선 시대에 매화나 소나무가 유교적 충(忠)의 가치를 담은 관념적 이미지였던 것처럼 말이다. 오늘날 우리 시대의 가치는 어떠한 이미지로 표현되고 있을까. 인정하기 싫기는 하지만, 아마도 연예계 스타(Star)나 돈이 아닐까 싶다.

사람들의 주목을 받으며 독보적으로 빛나는 별의 이미지는 남들의 주목을 중시하고, 다른 사람과의 조화나 협력보다는 개인의 우월성을 높이 평가하는 이 시대의 가치를 보여준다.

김완용 시인은 시대의 아픔, 인간의 아픔을 개인적인 삶의 현장으로 가져와 끊임없이 자신을 성찰하고 되돌아본 문인이다.

또한 개인적 삶의 구체성을 제거하고 미래를 향한 의지를 관념적으로, 철학적으로 형상화하기도 하였다.

이처럼 시인의 "멀고 먼 여정의 끝자락 / 이승의 찬란한 빛과 / 푸른 귀들을 빼곡히 달고 앉아 / 바람에 떠밀려 오는 세상 소식들"을 간직하기도 하였다.

그런가 하면 "만남과 이별이 공존하는 곳 / 바닷가에 서면 / 어제의 바람도 먼 훗날의 바람도 / 서로서로 / 오늘을 위로하며 살고 있었다."처럼 더 없는 삶의 길잡이가 되기도 하였다.

"이별 모르고 인연의 끈을 놓지 않는 / 얼굴 없는 그림자"를 노래하기도 했으며, "당신의 자유가 더 큰 바람으로 / 이 땅에 휘몰아쳐 / 못 다한 민주주의 되어 돌아올 오늘입니다"처럼 4·19를 노래하기도 하였다.

김완용 시인의 폭 넓은 시야와 깊이는 다음에 인용하는 작품들에서도 감상할 수 있다.

득도得道 이루지 못한 노스님
우주를 깨우는 목탁 소리
산자락을 울리면
어둠이 두고 간 자리
시끌벅적 속세의 영혼들 살아나고
베갯머리 맴을 돌던
지난날의 인연
주판알 털어내듯 지워야 할
산사의 아침인데
바람이 잠들었던 나뭇가지에
세월의 낱장 같은 하루
옹이로 맺혀
다시,
그리움 되어 흔들린다.

- 「어둠을 밀며」 전문

작은 목소리 다투어
재잘재잘 계곡을 떠나는
물은
세상사 미련 없어 도돌이표를 찍지 않는다

가는 길의 끝은 알 수 없어도
태엽이 풀리듯 시간을 풀어 놓고
돌 틈새 돌고 돌아 쉼표도 없이 가는
물의 행렬

망망대해 깊은 곳에 다다르면

고요 속에 깊은 잠을 청하기도 하련만
지나온 길 억울하여
성난 파도로 일어서서 운다

떠나온 산 계곡 그리워
무인도 칼바위 들이받고 우는
물은
하늘 맞닿아 푸른빛을 닮았다.
-「물의 애수哀愁」 전문

 신경림 시인의 명시 〈옥계장터〉에 "하늘은 날더러 바람이 되라 하네 / 청룡 흑룡 흩어져 비 개인 나루 / 잡초나 일깨우는 잔바람이 되라네"라는 구절이 있는데, 김완용 시인의 명시 「어둠을 밀며」와 「물의 애수哀愁」 또한 그런 경지에 올라가 있다고 보여진다.
 우리는 누구나 집을 짓고 살아간다. 그 속에서 화목한 가정을 이루며 살아가는 꿈을 꾼다. 그러나 때때로 우리는 모든 것을 버리고 훌쩍 떠나고 싶은 마음이 불쑥 솟아오르기도 한다.
 머물고 싶은 마음과 떠나고 싶은 마음이 공존하는 것이 사실이다. 하지만 머물고 싶어도 현실이 허락하지 않는 경우도 있고, 떠나고 싶어도 그럴 수 없는 경우도 많다.
 이렇듯 우리는 자신에게 주어진 운명을 어느 정도는 긍정하면서, 또 어느 정도는 부정하면서 바꾸어 가려고

애쓰며 살아간다. 김완용 시인은 이처럼 다양한 마음의 움직임을, 평범한 듯하면서도 비범하게 쉽고 깊이 있게 우리에게 보여주고 있는 것이다. 이런 점이 김 시인의 뛰어난 개성이자 장점이라고 할 수 있다.

3. 다양한 분야, 대기만성형(大器晚成型) 시인

바람은 언제 다녀갔는지
흔들리던 6월의 숲
연둣빛 솜털을 벗어 던지고
검푸르게 우거지면
개망초 하얗게 피어나는
155마일 철책선 따라
전운戰雲이 갇혀 있는 비무장지대
전우의 혼魂을 부르며
민족의 설움이듯 장맛비 내린다

구름 내려앉아
산봉우리 걸쳐 있는 하늘 속
슬픈 전우의 통곡이듯
천둥이 울고
반만년 암울한 역사 속에
피비린내 총칼의 기억을 끌어안고
산비탈 웅크리고 앉은 바위여
너도, 6월 장마 시작되면
슬픈 그날을 기억해 내어

울어야할 때임을 안다
               −「장마」 전문

하루해가 짧은 겨울
종일 떨다 가는 햇살
서해를 삼키고 저물면
밤마실 나온 아기별들
추위도 잊은 채
하늘 운동장에 모여
숨바꼭질하는데
물새 떼들 차가운 별빛 덮고
돌아눕는 어둠의 바다
눈을 부릅뜬 집어등 아래
가난을 이어가는 어부들
설한풍에 손발이 시리다.
               −「동지 무렵」 전문

꿈들이 뿔처럼 돋아나는
서울의 거리
자신을 가두고 혼자 아파하는
말 말 말들이
아직 울지 못한 음들을 글썽이며
하루의 종말을 예고하는
숨 가쁜 시간위로
빌딩을 빗겨 내려오는 햇살이 눕는다

종로의 거리, 서울역 광장, 한강 물결 건너
사람소리 들끓던 노량진시장까지
더러는
내 안에 펼쳐진 빈곤의 사막 중심에도
하루의 소임을 다한 햇살이
역광으로 비틀거리며 눕는다

서로의 빈틈을 살짝 빗겨 가는 우정처럼
어둠이 바람을 몰고 와
차갑게 떨리는 골목 안으로
촉수 여린 백열등 내려놓고
하루를 저당하며 돌아가는 햇살
뒤로
노동자의 어깨가 무겁다.
─「저당 잡힌 햇살」 전문

하루해가
일출과 일몰의 시각을
지붕 끝에 그어놓고
퇴행성관절염 앓다 가는
봉천동 산동네

어스름
설핏 지붕 끝을 내려와
골목어귀 쓸쓸히 젖어 들면
낡은 호미 등 닮은 노인
수레 가득 폐지를 싣고 돌아온다

비틀거리는 노인의 수레 끝에
달동네 겨울을 기억하는 연탄집게와
쓰린 속을 비운 소주병 몇 매달려
서로를 위로하며 덜컹대는데
노인은 하루치의 피로를 덤으로
수레에 싣고 비탈길을 오른다.
-「봉천동 소묘素描」 전문

주황빛 노을 속 봄꽃은 지는데
고향을 등진 사람들
갈 곳이 없다

그들은
수은등 불을 켜는 역 광장에서
욕망의 실밥 풀어놓고
꿈을 찾아 모여든 불나비
목적지 없는 표를 들고 서성인다

벙어리장갑처럼 뭉쳐 살던 가족들
가난을 덮어버린 먼지와 곰팡이까지
고향에 묻어두고
점자를 더듬거리듯
바람난 바람을 앞세워
내일이란 행복 찾아 멀리도 와버렸다

어둠 몰려오는 서울역광장에도
봄꽃은 소리 없이 지고 있는데

고향을 등진 사람들
지금 갈 곳이 없다.
     －「서울역 이방인」 전문

첫눈이 내릴 것 같은
늦가을
감나무 앙상한 실가지에
까치밥 두 개 매달렸다

땀에 절어 쉰내 나도
일손 놓고 논두렁에 앉아
적삼 끝단으로 햇볕 가려주며
내어주시던 젖무덤

나이 훌쩍 들어서까지
어머니 품에 안겨
새근새근 빨아대던
그 곶감 두 꼭지

저승길 가시던 날
마른 곶감 두 꼭지 뉘 볼까
부끄러워 수의에 감싸시고
훌훌 떠나셨는데

첫눈 내릴 것 같은
늦가을
으스스 바람 왔다 가는

감나무 실가지에
어머니 젖꼭지 돌아와 매달렸다.
　　　　　　　－「까치밥」 전문

　김완용 시인은 몸 안팎에 떠도는 시정신을 글자들로 바꾸는 일에 늘 부지런한 문인이었다. 이 부지런함이 제9시집 『목마의 꿈』에서는 더욱더 황홀하게 범람하였다.
　상처만이 상처와 서로 스밀 수 있을까. 국어국문학과에서는 창작수업이 적은데 비해, 문예창작학과에서는 창작수업이 주였기에 김완용 시인은 시, 수필, 소설, 희곡, 시나리오, 평론 등등 모든 분야를 섭렵할 수 있었다. 또한 각 장르의 특징은 시작품에도 그대로 반영되어 김 시인의 유니크한 창작세계를 돋보이게 하였다.
　자연이 어머니나 고향처럼 푸근한 이유는 그것이 삶의 단순성과 땅이 주는 진실성을 가르쳐주기 때문일 것이다. 남녘으로 창을 내면 따스한 햇볕이 비치고, 땀 흘려 땅을 일구면 어김없이 보답을 해준다. 때가 되면 피어나는 갖가지 꽃들과 새소리로 눈과 귀를 즐겁게 해주는 것이 자연이 주는 교훈이다. 거기에 비하면 온갖 제도와 규칙으로 사람을 옭아매고, 쓸데없는 가치와 욕망으로 사람을 유혹하고 잡아매는 인간세상은 복잡다단하고 머리 아프기만 한 것이다.
　김완용 시인은 산다는 건 어떤 광장하고 거창한 이유

에 기대고 있는 것이 아니라 바로 그 진실성처럼 그 자체로 단순하고 소박한 것임을 토로한다.

거기에다가 삶의 철학을 밑바탕에 깔아두기 때문에 시작품이 쉬우면서도 깊이가 있는 것이다.

앞에 인용한 시 중에서 「까치밥」은 "감나무 앙상한 실가지에 매달린 두 개의 까치밥"을 노래했지만, 그것은 실인즉 시인에게는 어머니의 젖무덤 두 개였던 것이다.

감나무는 사람이 아니기에 꿈을 꾸지도 못하고 누군가를 사모할 수도 없지만, 시인의 눈에는 감나무가 꿈꾸고 어머니 품에 안기는 애틋한 마음을 드러낸다. 김완용 시인은 그런 마음을 나무와 함께 나누고 싶어지는 자신의 시정신까지 그곳에 심어 놓는 것이다.

그렇게 김 시인은 감나무, 까치밥, 어머니, 젖무덤, 곶감 등등과 교감을 나누며 하나가 되었다. 「봉천동 소묘素描」와 「서울역 이방인」 등, 두 편의 시작품은 대전시 문학상을 수상한 『서울 아리랑』에서 노래한 도시의 말이기도 하며, 그보다 더 깊은 철학을 내포하고 있다.

우리는 생활 속에서 참으로 많은 사람들과 마주치거나 스쳐간다. 그중에는 나와 안면이 있거나 대화를 나누는 지인(知人)들도 있지만, 서로 이름조차 알지 못하는 타인도 있다. 때때로 우리는 길에서 마주친 모르는 사람들을 관찰하거나 그들의 삶에 대해 상상해 보기도 한다. 김 시인은 여기에서 한 걸음 더 나아가 '비틀거리는 노인의 수레' '겨울을 기억하는 연탄집게' '하루치의 피로'뿐만 아니라 '고향을 등진 사람들' '목적지 없는 표를 들고 서성이는 사람들'까지도 애정 어린 눈길로 바라보고 있다. 시와 현실이 뜨거운 질문들을 쏟아낼 때마다 그 자리에 유리의 유니크한 시인 김완용은 어김없이 나타나 절창을 노래하고 있다.

"꿈들이 뿔처럼 돋아나는 / 서울의 거리 / 자신을 가두고 혼자 아파하는 / 말 말 말들이 / 아직 울지 못한 음들을 글썽이며 / 하루의 종말을 예고하는 / 숨 가쁜 시간 위로 / 빌딩을 빗겨 내려오는 햇살이 눕는다"에서 감상할 수 있듯이, 김완용 시인의 시 도처에서는 이 세상 깊은 여기저기에 마르지 않는 꿈과 마르지 않는 울음과 마르지 않는 희망이 있음을 노래하고 있다.

「저당 잡힌 햇살」은 눈시울을 붉힌 줄 아는 시인이 붙잡을 수 있는 아름답고 황홀한 햇살이며, 우리들 가슴의 깊숙한 뜨거움과 만날 수 있는 철학적인 햇살인 것이다. 서민 한 사람, 노동자 한 사람까지 사랑의 시정신으로 그려내는 김 시인은 성자(聖者) 같은 문인인 셈이다.

"눈을 부릅뜬 집어등 아래 / 가난을 이어가는 어부들 / 설한풍에 손발이 시리다"처럼 어부들을 따스한 눈길로 노래한 「동지 무렵」은 미당 서정주 시인의 「동천」을 연상시키는 부분도 있다.

미당의 「동천」이 초승달의 이미지이자 사랑하는 임의 눈썹을 연상시키며 노래하였다면 김완용 시인의 「동지 무렵」은 설한풍에도 쉬지 못하고 고기잡이를 하는 서민들의 고달픔을 매서운 동지바람 등에 비유해 노래하고 있는 점이 다르다.

　우리는 「동지 무렵」을 통하여 가난하고 슬프고 절망적인 마음을 시원하게 풀어버리는 카타르시스를 경험할 수도 있다. 김완용 시인은 점차 나뿐만이 아닌, 세상 만물과 타인에게로 시야를 넓혀 나가고 있음을 알 수 있으며, 이때 김 시인은 타인을 바라보면서 동시에 역사와 현실을 더 또렷이 바라보는 것이다.

　"반만년 암울한 역사 속에 / 피비린내 총칼의 기억을 끌어안고 / 산비탈 웅크리고 앉은 바위여 / 너도, 6월 장마 시작되면 / 슬픈 그날을 기억해 내고 / 울어야할 때임을 안다."라고 노래한 「장마」는 6·25전쟁의 아픔을 상기시켜준다.

　최소한의 언어 표현으로 큰 군더더기도 없이 정갈한 맛을 느끼게 하는 시 「장마」는, 윤흥길 작가의 중편소설 『장마』를 떠올리게도 한다. 윤흥길 작가의 장마 또한 6·25전쟁 이야기지만 구렁이가 등장하고 두 노인네(국군 아들을 둔 노인과 빨치산 아들을 둔 노인)의 다툼이 오히려 숨 막힐 듯한 긴장감을 불러일으키면서 전쟁의 참혹함을 간접적으로 그려낸 수작이다.

　김완용 시인은 평생을 군대에서 생활하였듯이 누구보다도 나라를 사랑하고 전쟁을 싫어한 시인이라고 여겨진다. 그렇기에 그 애절한 마음을 이렇듯 진솔하면서도 절묘하게 표현해낼 수 있었다고 본다.

시 읽기가 어렵게 느껴지고 지칠 때에는 쉽게 공감할 수 있음과 동시에 깊이까지 겸비한 김완용 시인의 시작품을 감상해보라고 말씀드리고 싶다.

누구나 겪었을 법한 일을 서로 다르게, 개성 있고 깊이 있게 표현한 김 시인의 시를 통하여 시의 멋과 맛을 다시금 느껴볼 수 있다.

필자는 끝으로 이렇게 말하고 싶다. 팍팍하고 답답하고 시원한 것 하나 없는 현실에, 이와 같이 멋들어지고 싱그러운 시작품을 선물해주는 김완용 시인과 더불어 살고 있다는 게 얼마나 복 받은 일이며, 얼마나 행복한 일인가를─.

다양한 분야의 시작품을 빚는 김완용 시인은 한마디로 대기만성형(大器晚成型) 문인이다.

김완용 시인의 제9시집 『목마의 꿈』 상재를 경하드린다. ✦

김완용 제9시집

목마의 꿈

초판 인쇄 2025년 8월 25일
초판 발행 2025년 8월 30일

지은이 김완용
펴낸이 강신용
펴낸곳 문경출판사
주　소 34623 대전광역시 동구 태전로 70-9 (삼성동)
전　화 (042) 221-9668~9, 254-9668
팩　스 (042) 256-6096
E-mail mun9668@hanmail.net
등록번호 제 사 113

ⓒ 김완용, 2025

ISBN 978-89-7846-879-4 03810

값 15,000원

* 무단 복제 복사를 금함
* 잘못된 책은 교환해드립니다.